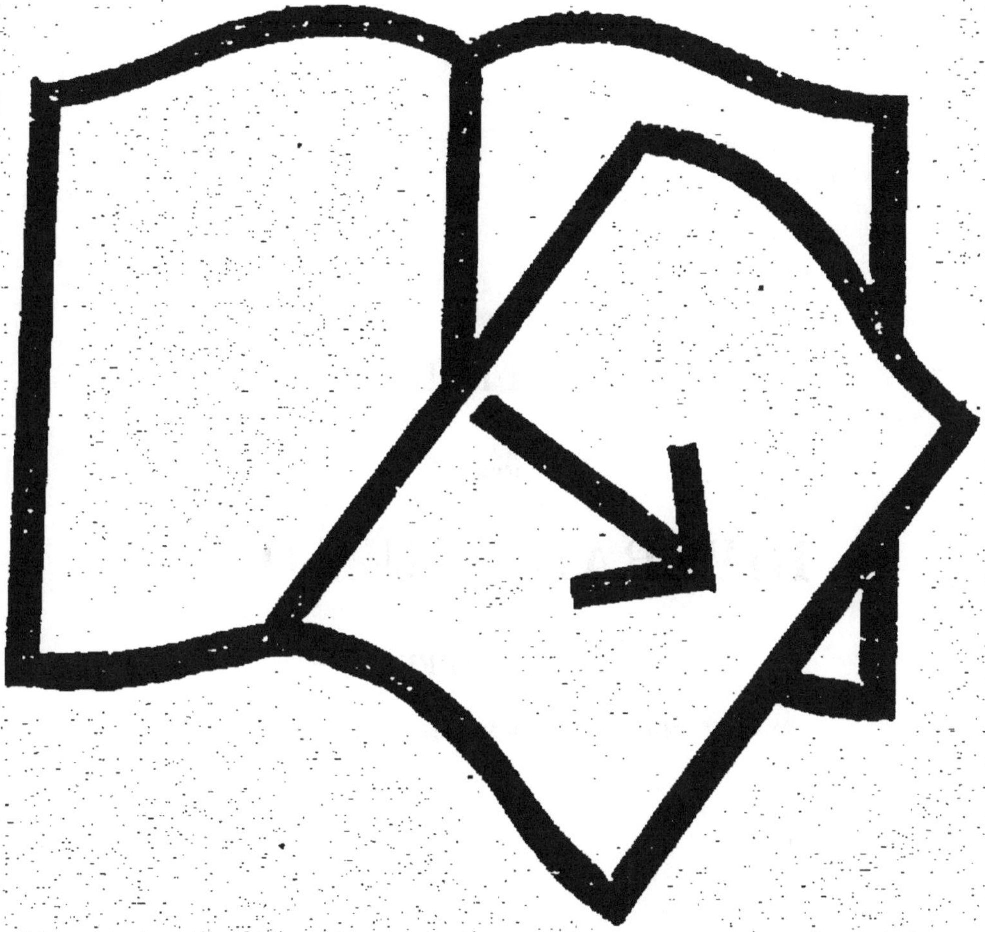

Couvertures supérieure et inférieure manquantes

# LETTRE

D'UN

# RIVERAIN DU LOUP

A M. SUIFFET

Membre du Conseil Municipal de Cannes

Nice. — Typographie V.-Eugène GAUTHIER et Cⁱᵉ, descente de la Caserne 1.

# LETTRE

D'UN

# RIVERAIN DU LOUP

### A M. SUIFFET

Membre du Conseil Municipal de Cannes

Cave Lupum!

DEUXIÈME ÉDITION

NICE
IMPRIMERIE DE V.-EUGÈNE GAUTHIER ET COMPAGNIE

Mai 1868

# LETTRE

D'UN

# RIVERAIN DU LOUP

A M. SUIFFET

Membre du Conseil Municipal de Cannes.

---

La Colle-sur-Loup, le 4 mai 1868.

Monsieur Suiffet,

*Primus inter pares*, parmi les treize signataires des aménités à l'adresse de M. le duc de Rivoli, insérées au *Journal de Nice* du 25 du mois dernier, vous avez daubé, par occasion, les *quelques individus qui, dans leur intérêt personnel,* ont, dites-vous, fait opposition au projet de canalisation *Dussard et Sellier*.

Le mot, bien que léger, me semble indigeste ; et je suis reconnu parmi ceux qu'il désigne. Mon individu constatera d'abord s'il est à sa place, pour ajouter ensuite un supplément aux détails nécessaires à l'appréciation de succès passés qui vous rendent si agressifs.

Personnifiant en vous cette agression, je relève votre gant, sans souci de ce que j'y risque, n'ayant pas l'honneur de vous connaître, et laisse à terre ceux de vos co-signataires de noms tout aussi nouveaux pour moi.

Je vous aborde donc, Monsieur Suiffet, par deux lignes d'apologue introductives d'un rappel à votre mémoire.

Un *salteador* trouvant un jour une bride, l'emporta sans soupçonner qu'il y eût au bout un cheval d'assez belle apparence. Vous avez aussi vos distractions, Monsieur. A la suite des *quelques individus à intérêt personnel*, vous n'avez pas aperçu treize communes, y compris Grasse, qui ont protesté, — non contre le projet *Dussard et Sellier*, — mais contre ses brutales dimensions ; ni le Conseil d'arrondissement, qui les a flétries d'un vote unanime ; ni trente propriétaires, dont deux membres du Conseil général, qui ont dénoncé la sophistication de son enquête. Si l'explication du mot est jugée nécessaire à Cannes, elle sera fournie par M. Méro, maire du lieu, à qui elle a été adressée par lettre d'octobre 1866. J'y reviendrai.

L'exposé spécial de tout ce qui s'est affiché, au profit de Cannes, de cynique mépris des cantons, surtout du Bar et de Vence, et de défaillance de l'administration devant d'impudentes obsessions, peut être différé jusqu'à la clôture du spectacle, auquel nous assistons, des appétits désordonnés d'une spéculation aux prises avec la plus bouffonne impuissance de facultés digestives, implorant inutilement, depuis deux ans, le remède à cette infirmité.

C'est assez pour aujourd'hui de ce qui va suivre; et je néglige le coup de boutoir lâché, en passant, à mon honorable ami l'ingénieur en chef Conte-Grandchamp, si élevé par son mérite au-dessus des indignes manœuvres qui ont fini par priver Nice et le département des services d'un esprit d'initiative si regrettable, mais du moins si bien apprécié par celui qui en profite aujourd'hui.

Je le quitte pour m'occuper d'abord de l'inqualifiable procédé auquel notre député a été récemment en butte de la part des conseillers municipaux de

Cannes, à une instigation d'autant moins contestable, qu'elle est plus maladroitement contestée.

Un mot sur moi avant de continuer. Je n'ai pas l'honneur de connaître M. le duc de Rivoli, et j'ai voté, en faveur du docteur Maure, contre sa candidature. Vieux médaillé de Sainte-Hélène, je n'attends et ne désire rien de personne, si ce n'est la part de considération que peuvent me mériter quarante ans de services, militaires et civils, sans souillure d'intrigue ni de courtisanerie; et ma devise est celle de Marius : *Nihil metuere nisi turpem famam.*

Ceci posé, et M. le duc de Rivoli étant, en définitive, l'élu de notre département, il est à propos de vous rappeler, Monsieur Suiffet, qu'il a droit, en cette qualité du moins, si ce n'est par une descendance glorieuse, aux égards de tout ce qui, parmi nous, électeurs des Alpes-Maritimes, porte au cœur le sentiment des convenances; et les quelques hommes qui ont espéré le déconsidérer, au profit et à la sollicitation d'une vulgaire et incommode personnalité, ont pu déjà constater l'effet répulsif produit sur l'opinion publique par les moyens qui viennent d'être mis en œuvre pour y parvenir.

De ceux qui se pratiquent depuis longtemps dans

l'ombre, je ne dirai rien, pour insister seulement sur ces derniers.

Des fêtes et un banquet avaient été disposés par la Compagnie concessionnaire du canal de la Siagne, pour inaugurer l'arrivée de ses eaux à Cannes. La liste de ses invitations officielles fut communiquée, comme de raison, au maire de la ville, qui prétendit en exclure le nom de M. le duc de Rivoli. Résistance de la Compagnie à cette grossièreté. — Insistance dudit maire, qui réunit dix-neuf conseillers municipaux, pour en délibérer. — Approbation de sa conduite à l'unanimité des voix, moins une !... — Motif allégué de cette résistance : hostilité prétendue de l'honorable député contre le projet du canal à inaugurer. — Motif réel : prétention saugrenue de ce maire de se hisser *per fas aut nefas* jusqu'au siége qu'il occupe au Parlement [1].

Tel est l'incident dans sa nudité. Me trompé-je, Monsieur Suiffet ?

Partout ailleurs, on eût trouvé de bon goût de le

---

[1] Le plus piquant de cette affaire est que l'eau a manqué au rendez-vous. Il n'y a donc eu ni fête ni banquet. Les travaux de ce canal durent depuis vingt mois ; bien qu'on eût promis de les terminer en six, ce qui était évidemment impossible, et Dieu sait quand ce service pourra commencer.

prier d'assister au triomphe d'une idée qu'il aurait combattue ; et il a paru d'abord regrettable qu'il répondît autrement que par un suprême dédain à ce procédé, qui, pour être cannois, n'est certes pas français. Une lettre de lui au *Journal de Nice*, lettre irréprochable de modération et de dignité, devait lui faire espérer la clôture de ce pénible incident. Mais c'était méconnaître le caractère de son ennemi, et lui fournir l'occasion ardemment désirée d'une aggravation d'injure.

Sous le prétexte d'*explications*, présentées comme *indispensables*, le même journal crut devoir admettre, dans ses colonnes, une réponse à la lettre susdite : explications qui n'expliquent rien, si ce n'est la haine mortelle dont le venin déborde et contamine les trois-quarts d'un Conseil communal, après vingt-deux mois de *macération* dans la cornue du bourgmestre parfumeur, que grise une bouffonne convoitise. — *Indè iræ! indè injuria!*

Et ce *rapport* (cela finit par s'appeler rapport) a été *fidèlement résumé*, est-il dit à la suite de ses treize signatures, *par M. Méro*, assisté de deux titulaires des mêmes signatures, qui n'ont pas *re-signé* plus que le maire n'a signé. — Comment résumé ? Etait-ce donc encore plus délayé ? Le mot doit figurer là pour je ne sais quel autre.

Le candidat n'est pas fort. S'il manque le Corps législatif, je doute qu'il en soit dédommagé par un fauteuil à l'Académie française, en raison d'indélicatesses, *ejusdem farinæ*, bien autrement accentuées.

Au moment où je traçais ces derniers mots, on a mis sous mes yeux le numéro du 2 mai du *Journal de Nice*, contenant une seconde lettre de M. le duc de Rivoli, qu'il a cru nécessitée par ces prétendues explications. On ne peut trop la recommander à l'attention des électeurs des arrondissements de Grasse et de Puget-Théniers, par le jour dont elle éclaire une impudence qui est allée jusqu'à vouloir circonvenir, non plus un préfet, mais le président du Corps législatif lui-même, dans le choix du rapporteur de la Commission, chargée de l'examen du projet de loi d'un emprunt de six millions, par la ville de Cannes.

Ces lignes, si lucides, si dignes, m'ont semblé d'abord rendre inutile d'insister sur l'incident qui les a motivées. Mais, après quelques jours d'hésitation, je m'y détermine, ne fût-ce que par convenance, de répudier, au nom de la conscience publique, la solidarité d'actes qui l'ont révoltée; par l'utilité, enfin, d'aider, je le répète, à l'intelligence de tout ce qui se rattache à ce projet *Dus-*

*sard et Sellier*, qui n'a eu de pire ennemi que son audacieuse exagération [1].

Je poursuis.

[1] Pour les personnes qui ne sont pas au courant de cette affaire, et qu'elle peut intéresser, il est utile de rappeler :
1. Que la Siagne et le Loup sont les deux seuls cours d'eau un peu considérables de l'arrondissement de Grasse ; à peine assez cependant pour se déverser à la mer sans en infecter les bords de marécages ;
2. Que la Siagne ne conserve que deux mille litres par seconde dans la canicule, et le Loup mille, au plus, d'utilisables ;
3. Que la Compagnie *Dussard et Sellier*, sous prétexte d'un débit supérieur, ne prétendait, ni plus ni moins, qu'à ce total ;
4. Que le Gouvernement n'a que très-incomplétement fait justice de cette prétention, en en admettant encore près des deux tiers ; soit en réduisant, il est vrai, à mille litres les deux mille convoités de la Siagne, mais à neuf cents seulement les mille demandés au Loup, sans que qui que ce soit ait pu me renseigner sur le motif d'un traitement exceptionnellement rigoureux pour ce dernier ;
5. Qu'en ce qui concerne cette seconde rivière, il est imposé à la Compagnie de n'en détourner ces neuf cents litres qu'à la condition de lui en laisser au moins trois cents ;
6. Qu'il est du moins reconnu, malgré la négation persistante de l'auteur de l'idée et des deux plumes engagées à son service, que le débit du Loup peut tomber au-dessous de douze cents litres par seconde ;
7. Que si, sur les dix-neuf cents litres concédés sur les deux rivières, chacun des vingt-cinq mille individus de tout âge, invités à y souscrire, prélevait une part égale, elle serait encore, si je ne me trompe, de six mille cinq cent soixante six litres par jour ! — Or, on croit que deux mille seulement ont cédé aux sollicitations qui leur sont adressées à cet effet depuis deux ans. En admettant une moyenne de deux cents litres par tête, ce qui est assurément exagéré, on peut juger approximativement ce qu'on a décrété de gaspillage, pour l'avantage final et peut-être unique de Cannes. Le secret des sommes souscrites est gardé avec un soin qui ne prouve rien de satisfaisant pour cette spéculation.

Toute prose que peut endosser encore le Conseil municipal de Cannes n'enlèvera rien au duc de Rivoli de l'honneur d'avoir été choisi, choisi surtout a l'unanimité, pour rapporteur de la Commission chargée de l'examen du projet de loi d'emprunt susdit; rien de celui d'avoir défendu, avec autant de prévoyance que de logique, les intérêts à venir de Cannes, contre le danger des appétits que j'ai signalés. Se trouverait-il, par hasard, quelqu'un, parmi ceux qui en affichent le honteux oubli, qui eût personnellement à perdre aux mesures préservatrices décrétées sur son rapport?

Prétendre qu'il se soit montré hostile à Cannes, pour n'avoir pas concentré, sur cette localité privilégiée, une sollicitude à laquelle les cent cinquante communes du département ont le même droit; — pour avoir témoigné de l'intérêt à M. l'ingénieur en chef Conte-Granchamp, victime d'un méprisable ennemi, aujourd'hui le sien; — pour n'avoir pas refusé de présenter au Ministre des travaux publics le président du tribunal de commerce de Grasse, allant lui soumettre des objections contre le projet d'accaparer tout le débit de la Siagne en été ; — pour n'avoir pas *sollicité la faveur* (!...) de se joindre aux Cannois, arrivés à Paris à son insu, afin d'y plaider la cause d'un insolent monopole ; — tout cet ensemble de griefs, dis-je, constitue un prétexte d'agression d'une étrangeté si burlesque, qu'il faut en avoir l'expression sous les yeux, pour le prendre au sérieux.

Où serait le mal, en définitive, aux yeux de la morale et de la raison, et à quel diapason ne serait pas arrivée la *rivoliphobie* dont on travaille à infester Cannes, si l'honorable député avait pu opposer des démarches efficaces à la précipitation scandaleuse avec laquelle a été bâclée toute cette affaire de rivières, qui exigeait une étude si approfondie, précédée de jaugeages spéciaux qui n'ont jamais eu lieu ?

Qu'on en juge.

Délibération du Conseil des ponts et chaussées, — approbation du Conseil d'Etat, — décret de concession, — rédaction nécessairement anticipée d'un long cahier des charges, tout a été enlevé dans les dix jours qui ont précédé la réunion, en 1866, du Conseil général des Alpes-Maritimes. Là était le danger qui pouvait faire sombrer l'intrigue. Il y avait urgence de le conjurer à tout prix, d'en finir avant cette réunion; de prévenir les plaintes, un blâme inévitable. — Et tout a réussi !...

Avanies sur avanies !

Bâillonnés par le succès de ces manœuvres, résultat d'un patronage puissant, irréfléchi, et duquel on a fait le plus insolent abus à notre détriment, il nous a été interdit de produire une ligne, de faire entendre un mot au Conseil d'État, notre suprême espérance ; sa décision ayant précédé de vingt jours l'époque qui nous avait été assignée.

Mais le point de départ de tant de scandales a été la composition de la Commission d'enquête de ce projet d'escamotage de toutes les eaux d'été des deux seules rivières de notre arrondissement, contre laquelle j'ai dit qu'il avait été vainement protesté. Que pouvait-on se promettre d'une telle démarche, quand l'oubli des convenances et des devoirs avait été poussé jusqu'à priver les communes, dont les intérêts étaient les plus menacés, de l'avis officiel obligatoire de cette enquête ?

Combien son issue aurait été différente, si on eût d'abord dénoncé au Conseil d'État un choix fait, en dépit de la législation, d'hommes notoirement intéressés ou présumés tels, au succès de cette spéculation ; quelques-uns, dont un ancien magistrat [1],

---

(1) Ancien juge d'instruction, dit-on, ou procureur du roi, établi depuis une douzaine d'années à Cannes, et y jouissant de sa villa. J'incline pour le procureur, attendu l'avalanche de réquisitoires dont il avait, dès lors, inondé le public pour défendre l'intégralité du projet *Dussard et Sellier*. Il fut ensuite auteur d'une supplique à l'Empereur, au nom de la Société d'horticulture du lieu, déclarant

déjà même compromis par une propagande en sa faveur.

Et, cependant, cinq d'entre eux sont innocents du succès de cette indigne comédie. Y eussent-ils seulement assisté, s'ils avaient, dès-lors, soupçonné à qui, des sept autres, ils le devaient ? [1]

Ah! ce n'est pas là de l'administration!

J'ai eu mon humble part de délégation des pou-

---

sérieusement *Cannes perdu*, si, en d'autres termes, on ne faisait de la Siagne et du Loup une rivière intermédiaire à son usage. *Cannes perdu...* alors que le prix de ses terrains n'avait cessé de s'élever dans des proportions fabuleuses ! — *Nullum est tam impudens mendacium quod teste careat.*
Rappelons ici que Cannes ne possède qu'une seule feuille publique; qu'elle est hebdomadaire, politique et incolore, si ce n'est à l'endroit de la glorification de son propriétaire; — que le nom de ce propriétaire est Méro; — que celui de sa plume est A. Macé, précisément l'ancien juge ou procureur du roi, qui recommande, en style paterne aujourd'hui, la modération dans les mots, après avoir participé de toutes ses forces à l'énormité dans les actes. A quelle discrétion, à quelles réticences peuvent donc prétendre cette conscience et cette plume, depuis leur approbation de l'indigne procédé commis à l'encontre d'un membre de la législature, et d'une appellation grossière appliquée à un président de tribunal de commerce, à un ancien consul général de France, coupables de pensées divulguées contre ladite énormité?
(1) En vain demandèrent-ils l'accomplissement d'une formalité obligatoire : celle d'appeler, au sein de la Commission, les ingénieurs des ponts et chaussées du département, pour entendre leur avis sur l'objet en délibération. Les *sept*, sur la motion de ce monsieur, se proclamèrent fièrement assez éclairés pour se passer de cet avis.

voirs publics, des commissions à nommer ; à prononcer même, en premier ressort, entre intérêts opposés considérables ; mais ce n'est pas auprès de moi (pardon de ce petit retour d'égotisme) qu'on eût obtenu de tels succès, par une ingérence de cette nature ; et malheur au subalterne qui eût tenté d'aider de sa complicité un de ces hommes, fléaux des administrations.

J'ai imprimé dans le temps que le Préfet ne pouvait être l'auteur de ce choix illégal, et que sa signature avait été probablement surprise. Qui que ce soit n'a contesté cette évidence. Plus tard, alors qu'en possession d'un aveu de valeur irrécusable — que je réserve, — et le décret promulgué, que me restait-il à faire, sinon de jeter, par lettre indignée, une certitude désormais acquise à la face de ce fabricant de commissions, et.... elle y est restée.

Il ne manque pas, je le sais, de bons esprits à Cannes, qui souffrent des excès de cette outrecuidance, dépassant tout ce qu'on en pouvait admettre, et de cette nauséabonde vantardise d'avoir *démoli* notre député à la précédente législature ; d'avoir déterminé à lui seul le choix de son successeur ; de vouloir, enfin, et pouvoir le *démolir* lui-même à son profit. Et d'une impudence de ce calibre, étayée de la croyance niaise à des intimités jusque parmi les membres du gouvernement, il a fini par résulter une sorte d'ébahissement stupide, presque admiratif! Et ceux qui en profitent s'émerveillent d'un tel savoir-faire!

Imposture est d'affirmer que qui que ce soit, dans le département, s'afflige du prodigieux développement de Cannes, ou même ne s'y intéresse vivement, et ne trouve très-légitime sa fébrile impatience de voir enfin terminés, sur une échelle largement suffisante, les travaux de canalisation qui doivent ajouter tant de charmes à son séjour, tant de valeur à la valeur déjà plus que décuplée de son territoire (1).

Mais, en déduire, de la part de déshérités de toute bienveillance et des moindres égards de l'administration, résignation obligée à la dépréciation désastreuse du leur, décrétée en même temps que la presque suppression en été de la rivière du Loup, englobée dans la concession *Dussard et Sellier*, est par trop bouffon. Cannes n'est pas plus le char

---

(1) Avec réserve cependant, de ma part, — si la concession à MM. Dussard et Sellier a suffi, comme on le prétend généralement, pour faire ajourner aux calendes grecques la canalisation du Var, qui devait distribuer cinq ou six cent mille mètres cubes d'eau par jour depuis ce fleuve jusqu'à l'Estérel, — que je suis de l'avis de ceux qui considèrent ladite concession comme atteignant les proportions d'une calamité publique pour l'arrondissement de Grasse.

de Jagrenat que nous ne sommes les dévots à son culte, qui trouvent glorieux d'être écrasés sous ses roues.

Mieux vaudrait mille fois la suppression totale de notre jolie rivière, que l'aumône de trois cents litres, par seconde, à son lit de soixante mètres de largeur : précisément ce qu'il faut pour la convertir, pendant quatre mois de l'année, en estuaires empoisonnés avec concerts obligés de batraciens ; et la *désempoissonner* à tout jamais de ses truites, si abondantes, si renommées, pour la plus grande aisance des quelques douzaines de poissons rouges des villas de Cannes. — Inutile de revenir sur la mise à sec imminente de vingt-quatre usines d'usage indispensable à dix communes, puisqu'elle a été traitée comme bagatelle, aussi bien que la question de salubrité. Quant à nos prairies, on nous a répondu *sat prota biberunt* (1).

(1) Si ce n'est pour comprendre la disposition d'esprit qui inspire ces pages, je ne saurais cependant trop engager ceux qui ne connaissent pas encore le Loup, si rapproché de Nice, à aller visiter ses belles eaux sous les magnifiques ombrages de Villeneuve, dominés par la haute tour sarrazine du château de M. le marquis de Panisse, à leur sortie d'une curieuse déhiscence de montagnes à pic, d'un kilomètre à peine de longueur, appelée les *Barres du Loup*. En prolongeant cette promenade, par une belle route de voiture jusqu'au-delà de La Colle, on voit, sur la rive droite, d'autres beaux ombrages, formant un parc entouré d'eau, sous

M. le Préfet nous engage, il est vrai, à nous calmer, attendu que, nonobstant le décret, on laissera probablement au Loup toutes ses eaux. Mais on ne désespère pas de pouvoir, tôt ou tard, les ingurgiter à qui n'en veut sur leur trajet jusqu'à Cannes, malgré les objurgations de M. le docteur M........, l'une des deux plumes du parti ; qui, de guerre lasse, a fini par traiter les récalcitrants d'imbéciles, et lui-même de *Cassandre*. — Il y a Cassandre et Cassandre. — Imbéciles, ai-je dit ? Non : *esprits faussés*, un équivalent.

Enfin, nous ne sommes pas encore exécutés, mais mis en réserve en attendant exécution, et légalement exécutables, dit-on, jusqu'en 1916. C'est à

---

lesquels on lisait, tracés, dernièrement encore, ces vers d'une application méritée :

> *Se lamentar augelli, o verdi fronde*
> *Mover soavemente all' aura estiva,*
> *O roco mormorar di lucid' onde*
> *S'ode d'una fiorita e fresca riva.*

On arrive de là, en moins de vingt minutes, au pied d'un pic couronné par quelques restes d'un vieux castel des templiers. De ce point, on aperçoit, sur la droite, à quelques pas de la rivière, au fond d'un amphithéâtre de montagnes, la limpide source de Louron, acquise et captée par la Compagnie générale des Eaux de France. Antibes et les communes intermédiaires seraient déjà en possession de ses bienfaits, sans l'opposition jalouse de la Compagnie Dussard et Sellier et de son protecteur, qui nous a été si funeste.

nous d'aviser aux moyens d'échapper au traquenard de MM. Dussard, Sellier et consorts.

Je vais prendre congé de vous, Monsieur Suiffet, par quelques lignes de plus, au sujet des *explications* que vous avez servies au public, légalisées, résumées, approuvées ou fabriquées (peu importe) par votre candidat lui-même.

Je viens de les relire, et ne parviens pas à me rendre compte de ce que vous avez pu raisonnablement espérer en sa faveur d'une manœuvre électorale, d'indécence si évidemment favorable aux intérêts contre lesquels vous vous êtes mis en campagne. Qu'aveuglé par le feu et la fumée de ses prétentions, ce singulier candidat s'y soit mépris, rien ne surprend de la part de qui vient de juger les électeurs des arrondissements de Grasse et de Puget-Théniers assez dépourvus de facultés olfactives pour se méprendre au parfum diabolique qu'exhalent ces prétendues explications : parfum compliqué de médisance, de provocation venimeuse, de délectation dans l'injure et sa publicité ; d'effluves, enfin, d'une couardise se dissimulant à vos dépens.

Si cette candidature mort-née s'avisait d'échapper au linceul qu'elle a tissé de ses mains, il lui serait demandé un compte sévère de son droit à vivre. Inutile d'y regarder de plus près aujourd'hui, non plus qu'aux ridicules tentatives d'associer deux arrondissements à un fétichisme de clocher, sans raison d'être, non pas même à son ombre. Plus difficiles que la loi, nous voulons mieux que d'être Français, âgé d'au moins vingt-cinq ans, pour prétendre à l'honneur d'en fabriquer de nouvelles ; mieux surtout que des phrases de l'échantillon qui suit, et qu'on essaie depuis longtemps de stéréotyper dans la mémoire des électeurs : *Le tout-puissant M. F..., qui tient les cordons d'une si vaste bourse, — dont chacun peut avoir besoin, — a déclaré que le député futur, nécessaire, indispensable de l'arrondissement de Grasse ne pouvait être que son ami Méro !...*

Que ne demande-t-il d'entrer au Sénat ; ce lui serait plus facile aujourd'hui ? En attendant, le *sénatus* de Cannes a notifié à la France que son président Méro l'a convoqué pour qu'il eût à constater que le représentant des Alpes-Maritimes à la législature, petit-fils de notre glorieux, de notre grand compatriote, du héros de Zurich et d'Essling, ne pouvait prétendre au suprême honneur de s'attabler avec ces bourgeois, contre lui si malléables, à un banquet dont ils ne devaient être qu'à-demi les amphitryons.

Et dix-huit sur dix-neuf, ai-je dit, ne l'en ont pas jugé digne! Et ils le proclament! Et ils l'impriment! — Ah! qu'on aimerait à serrer la main de ce dix-neuvième, à la fière devise : *Etsi omnes ego non!*

Je crois que le besoin de l'exprimer m'a fait revenir sur ces pénibles détails. Honneur à lui [1].

Votre immodestie dans le succès, votre superbe attitude, Messieurs de Cannes, d'importunes qu'elles étaient d'abord, deviennent hostiles jusqu'à la témérité. Nous digérions péniblement, mais du moins en silence, depuis deux ans, l'injustice dont on nous a fait, à votre intention, les victimes inutiles. Vous venez, sans y être provoqués, d'en rappeler le dur souvenir par un mot mal sonnant. Parvenus de la fortune, enfants gâtés de l'administration, gorgés, sinon repus de leurs faveurs, vous est-il donc

---

(1) M. Jean Saissy est le conseiller qui, seul, a protesté contre cette grossièreté, à la publication de laquelle ses auteurs ont oublié, me dit-on, d'ajouter le détail suivant. L'un d'eux aurait proposé que le Conseil municipal quittât en masse la salle du banquet, si M. le duc de Rivoli, invité à y assister au nom de la Compagnie concessionnaire, venait à s'y présenter. Et l'invention de cette scène à effet aurait été approuvée par acclamation!

Les membres du Conseil qui n'ont pas assisté à la délibération, pour n'y avoir pas été appelés ou n'avoir pas voulu s'y rendre, sont MM. Borniol, Gazagnaire, Saissy (Jules), Buisson et Escarras-Maillan.

impossible de les digérer vous-mêmes discrètement, et sans bruits incongrus ?

Agréez, monsieur Suiffet, l'expression de mes sentiments les plus distingués.

Maxime RAYBAUD.

# POST-SCRIPTUM

---

La Colle-sur-Loup, le 8 mai 1868.

Monsieur Suiffet, une nouvelle lettre, de vous et dix autres membres du Conseil municipal de Cannes, se lit aujourd'hui dans le *Journal de Nice*.

L'exorde et la péroraison en sont identiques. Elle prélude et finit par crier au *viol de votre dignité* par notre député : mot pyramidal d'à-propos de la part de gens qui s'exténuent à faire litière de la sienne!

Il y a parti pris, de votre part, de ne voir en lui

qu'une sorte d'intendant nommé par vous seuls, pour ne s'occuper que de vos petites affaires, convaincu d'infidélité, et que vous pouvez congédier à votre gré ; parti pris, depuis plus longtemps, de proclamer *d'intérêt général* ces mêmes affaires, et *d'intérêt privé* celles communes à toute la partie orientale de l'arrondissement.

Nous ne pouvons nous faire à ces lubies, mais je n'y reviendrai plus, à la condition que vous nous direz enfin loyalement au profit de qui vous battez en brèche la candidature à venir de M. le duc de Rivoli. Le moment est arrivé d'en oser l'aveu ou le démenti. Jusque-là, nous ne verrons, dans vos laborieuses et monotones récriminations, que ficelles maladroitement disposées pour imposer un choix dont la pensée nous répugne, dont l'audace nous confond.

Que si vous osez cet aveu, Compatriotes et voisins, pour qui la paroisse de Cannes est l'arrondissement, le département, la France entière, vous nous apprendrez quels seraient les titres de votre préféré à nos suffrages, en dehors de sa *ferme* prétendue *modèle*, dont nous nous occuperons en temps opportun. En aurait-il, par hasard, d'autres, pour vous, que les nouvelles et plus faciles obsessions que votre intérêt s'en promet auprès de l'administration supérieure; d'autres pour nous que le trouble et le déni de justice, que nous ont valu ses manœuvres; pour tous enfin que sa résignation à en subir la publicité?

Quant à vous, personnellement, que j'avais oublié, Monsieur SUIFFET, la prudence la plus élémentaire vous commandait de rester étranger à un si chaud dévouement, servi par une haine à si haute température.

M. R.

Nice. — Typographie V.-Eugène GAUTHIER et Cⁱᵉ, descente de la Caserne, 1.

www.ingramcontent.com/pod-product-compliance
Lightning Source LLC
Chambersburg PA
CBHW060631050426
42451CB00012B/2540